Impressum
Verlag: BABADADA GmbH, Nedderfeld 112 , 22529 Hamburg
Geschäftsführer / Verlagsleitung: Harald Hof
Druck: Books on Demand GmbH, In de Tarpen 42, 22848 Norderstedt

Imprint
Publisher: BABADADA GmbH, Nedderfeld 112 , 22529 Hamburg, Germany
Managing Director / Publishing direction: Harald Hof
Print: Books on Demand GmbH, In de Tarpen 42, 22848 Norderstedt, Germany

mokykla

ښوونځی

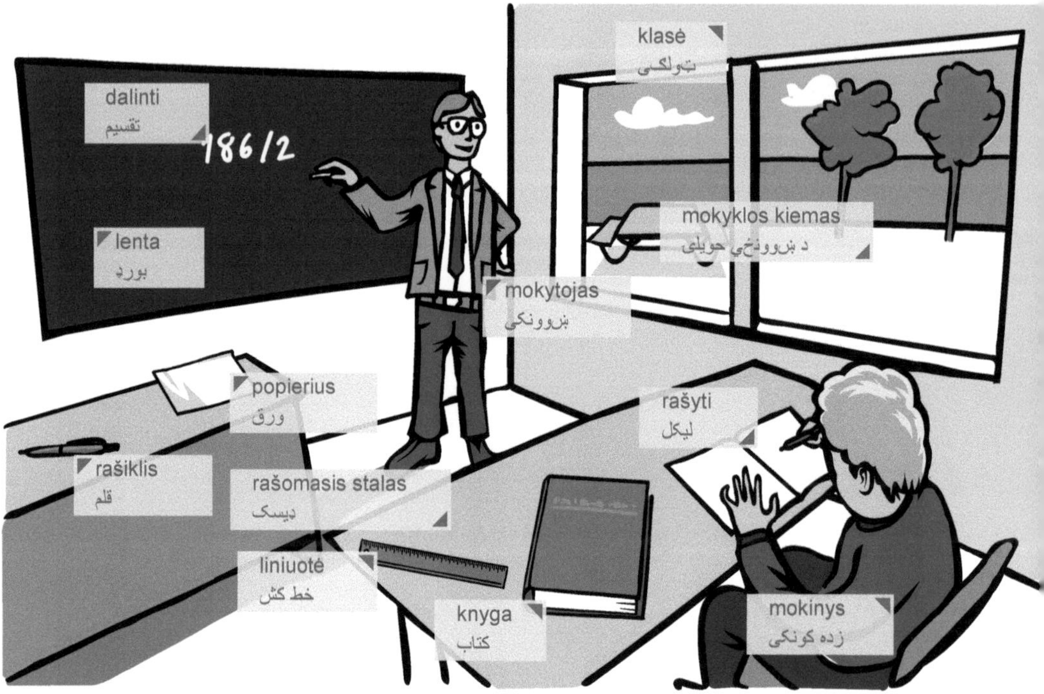
klasė
ټولګی
dalinti
تقسیم
186/2
lenta
بورډ
mokyklos kiemas
د ښوونځي حویلی
mokytojas
ښوونکی
popierius
ورق
rašyti
لیکل
rašiklis
قلم
rašomasis stalas
ډیسک
liniuotė
خط کش
knyga
کتاب
mokinys
زده کونکی

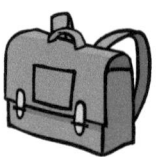

kuprinė

كڅوړه

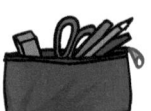

penalas

د پنسل بکسه

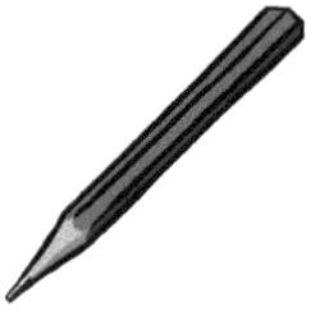

pieštukas

پنسل

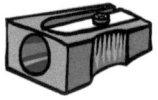

drožtukas

پنسل تراش

trintukas

ربړ

piešimo bloknotas

د رسامۍ پاڼه

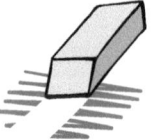

piešinys

رسامي

teptukas

د نقاشی برس

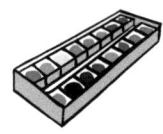

dažų dėžutė

د نقاشی بکس

žirklės

قیچی

klijai

سریش

vadovėlis

د تمرین کتاب

namų darbai

کورنی دنده

12

numeris

شمیر

2+2

pridėti

جمع

5−2

atimti

منفی

2×2

dauginti

ضرب

skaičiuoti

حساب

A

raidė

توری

ABCDEFG
HIJKLMN
OPQRSTU
VWXYZ

abėcėlė

الفبا

hello

žodis

کلمه

tekstas

متن

skaityti

لوستل

kreida

تباشیر

pamoka

درس

dienynas

راجستر

egzaminas

ازموینه

pažymėjimas

تصدیق پاڼه

mokyklinė uniforma

د ښوونځي یونیفارم

išsilavinimas

تعلیم

enciklopedija

دایره المعارف

universitetas

پوهنتون

mikroskopas

مایکروسکوپ

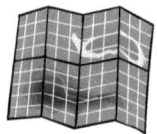

žemėlapis

نقشه

šiukšliadėžė

اشغالدانی

kelionė
سفر

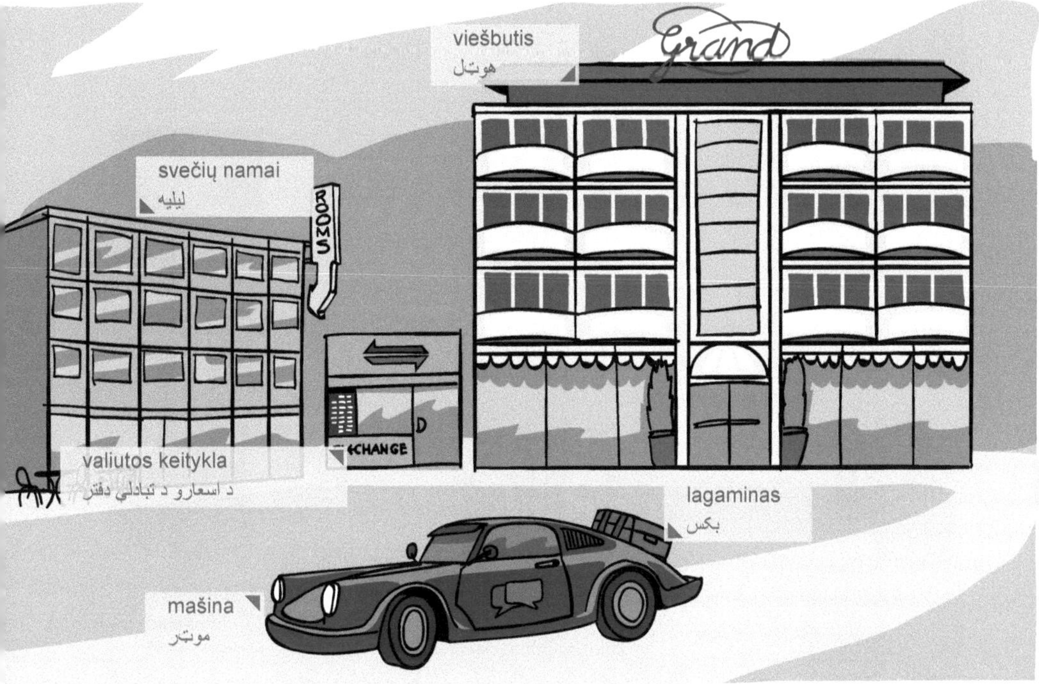
viešbutis
هوټل
Grand
svečių namai
ليليه
ROOMS
valiutos keitykla
د اسعارو د تبادلې دفتر
lagaminas
بکس
mašina
موټر

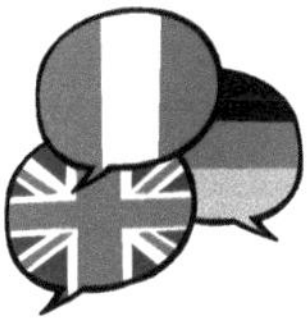

kalba
ژبه

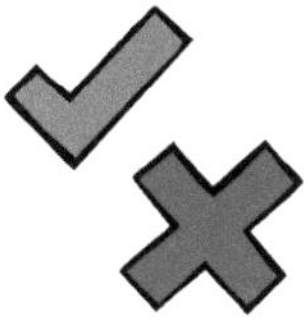

taip / ne
هو/نه

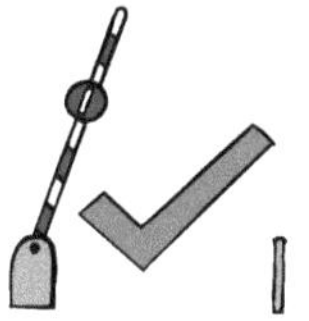

Gerai
سمه ده

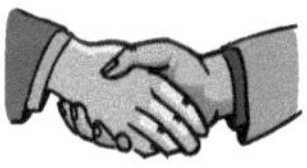

sveiki
سلام

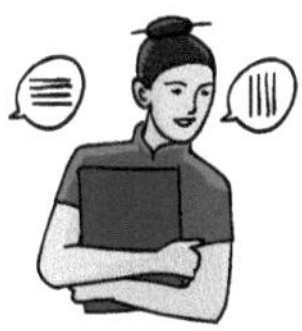

vertėjas raštu
ژباړونکی

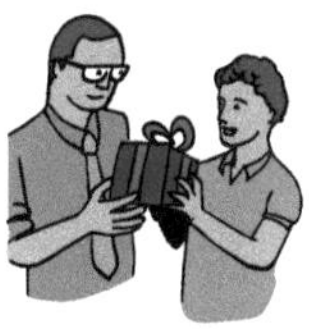

Ačiū
مننه

kiek kainuoja...?

څومره دي...؟

aš nesuprantu

زه نه پوهیږم

problema

ستونزه

Labas vakaras!

ماښام مو پخیر!

Labas rytas!

سهار په خیر!

Labos nakties!

شپه په خیر!

viso gero

په مخه مو ښه

kryptis

لارښود

bagažas

سامان

krepšys

بیگ

kuprinė

شاتنی بکس

svečias

میلمه

kambarys

خونه

miegmaišis

د خوب کڅوره

palapinė

خیمه

turizmo informacija

د توریزم معلومات

ρaρlūdimys

ساحل

kreditinė kortelė

کریدیټ کارت

pusryčiai

ناری

pietūs

د غرمي خواړه

vakarienė

د ښپي خواړه

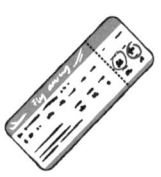

bilietas

ټیکټ

liftas

لفټ

pašto ženklas

مهر

siena

پوله

muitinė

کمرک

ambasada

سفارت

viza

ویزه

pasas

پاسپورت

transportas

ټرانسپورټ

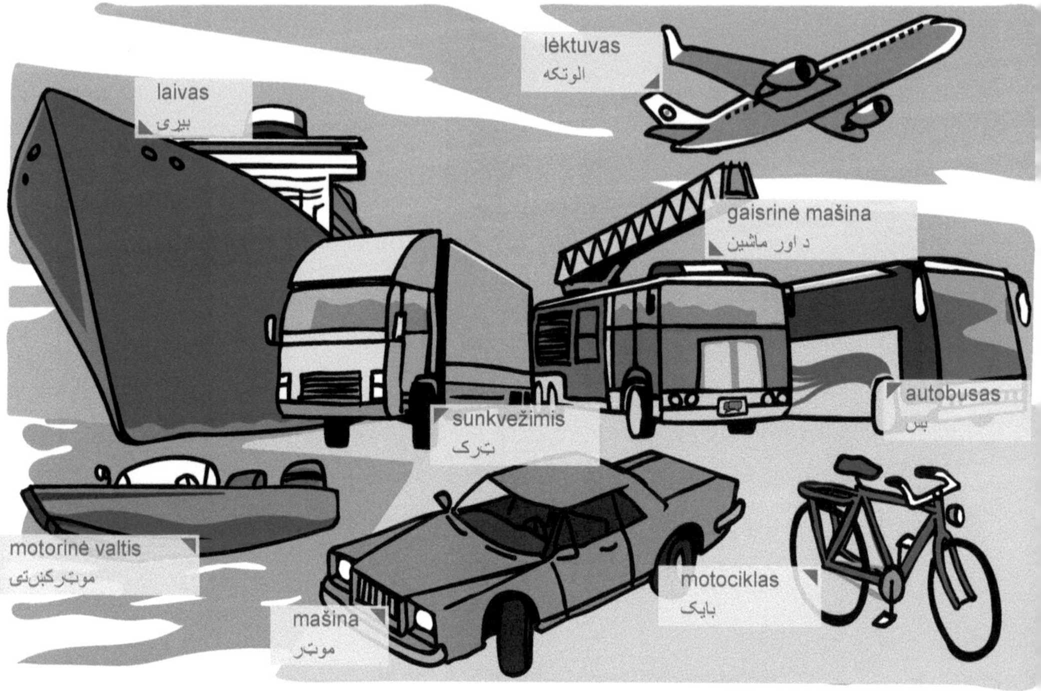

lėktuvas
الوتکه
laivas
بیړی
gaisrinė mašina
د اور ماشین
autobusas
بس
sunkvežimis
ټرک
motorinė valtis
موټرکښتۍ
motociklas
بایک
mašina
موټر

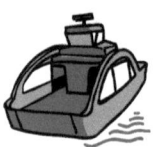

keltas

کښتۍ

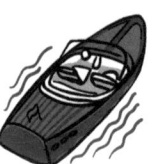

valtis

کښتۍ

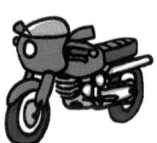

mopedas

موټرسایکل

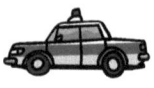

policijos automobilis

د پولیسو موټر

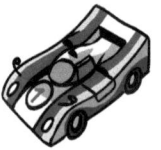

lenktyninis automobilis

د ریس موټر

nuomojamas automobilis

کرایي موټر

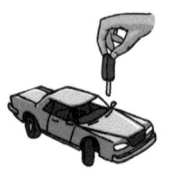

bendras automobilio
naudojimas

د کرایه موټری

techninės pagalbos
automobilis

جرثقيل لرونکی ټرک

šiukšliavežė

ريفيوز ټرک

variklis

موټر

degalai

سونگ توکي

degalinė

پټرول سټیشن

kelio ženklas

ترافيکي نښه

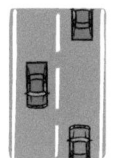

eismas

ترافيک

eismo spūstis

جام ترافيک

mašinų stovėjimo aikštelė

د موټرو ټمځای

traukinių stotis

د ریل سټیشن

bėgiai

پاټکي

traukinys

ریل

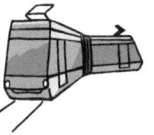

tramvajus

ټرام

vagonas

واګون

sraigtasparnis

چورلکه

oro uostas

هوايي ډګر

bokštas

برج

keleivis

مسافر

konteineris

کانټينر

dėžė

کارتون

vežimėlis

کارټ

krepšys

ټوکری

pakilti / nusileisti

الوتنه کول/کښيناستل

kaimas

کلی

miesto centras

د ښار مرکز

namas

کور

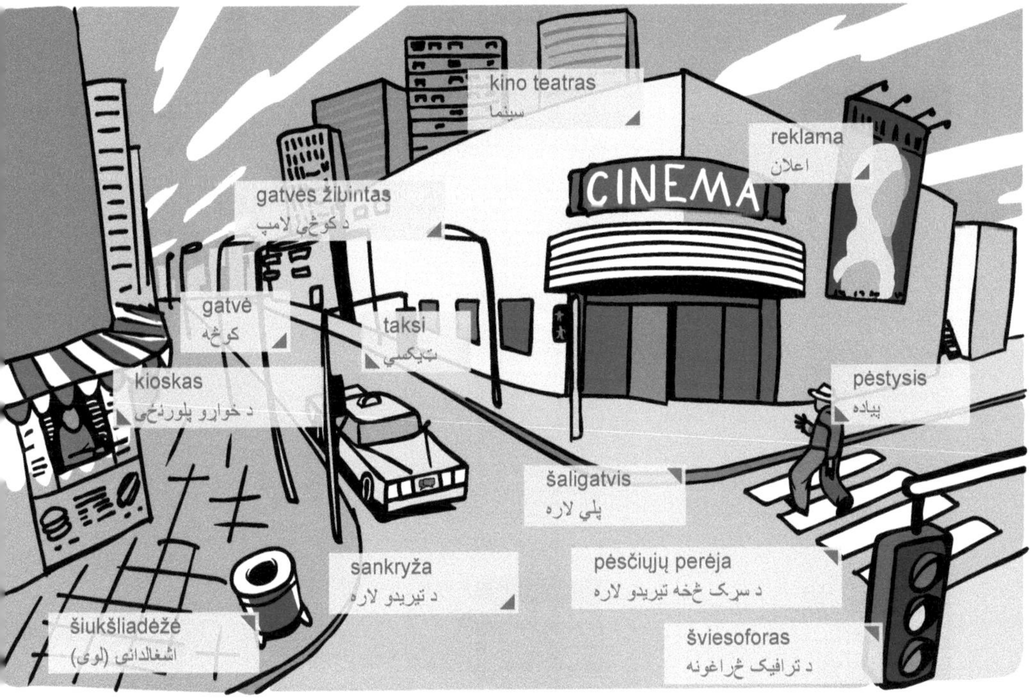

kino teatras
سینما

reklama
اعلان

gatvės žibintas
د کوڅې لامپ

gatvė
کوڅه

taksi
ټیکسي

kioskas
د خوارو پلورنځی

pėstysis
پیاده

šaligatvis
پلي لاره

sankryža
د تیریدو لاره

pėsčiųjų perėja
د سرک څخه تیریدو لاره

šiukšliadėžė
اشغالدانۍ (لوی)

šviesoforas
د ترافیک څراغونه

trobelė

کودله

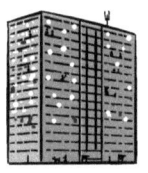

butas

اپارتمان

traukinių stotis

د ریل ستیشن

rotušė

ټاون هال

muziejus

میوزیم

mokykla

ښوونځی

universitetas

پوهنتون

bankas

بانک

ligoninė

روغتون

viešbutis

هوټل

vaistinė

درملتون

biuras

دفتر

knygynas

کتاب پلورنځی

parduotuvė

پلورنځی

gėlių parduotuvė

د ګلانو پلورنځی

prekybos centras

لوی پلورنځی

turgus

مارکیت

universalinė parduotuvė

د ډیپارټمنټ سټور

žuvies parduotuvė

کب پلورنځی

prekybos centras

د پلور مرکز

uostas

لنګرتون

parkas

پارک

suoliukas

بینچ

tiltas

پل

laiptai

زینه

metro

د ځمکې لاندې

tunelis

تونل

autobusų stotelė

بس تمځای

baras

بار

restoranas

ریستورانت

lauko pašto dėžutė

پوست بکس

kelio ženklas

د کوڅي نښه

parkomatas

د پارک کولو میټر

zoologijos sodas

ژوبڼ

baseinas

د لامبو حوض

mečetė

مسجد

ūkininko ūkis

کرونده

tarša

ناپاکي

kapinės

هدیره

bažnyčia

چرچ

žaidimų aikštelė

د لوبو ډګر

šventykla

معبد/کلیسا

kraštovaizdis

منظره

lapas

پاڼه

kelio rodyklė

د لارښوونې نښه

kelias

لاره

pieva

چمن

akmuo

کانی

medis

ونه

ėjikas

هيکر

upė

سیند

žolė

واښه

gėlė

ګل

slėnis

دره

kalva

غوندی

ežeras

باور

miškas

جنگل

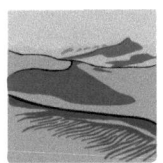

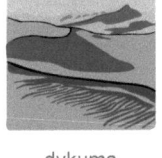

dykuma

دشته

ugnikalnis

اورشيندى

pilis

كلا

vaivorykštė

رنگين کمان

grybas

مرخيري

palmė

پلم ونه

uodas

ماشي

musė

الوتل

skruzdėlė

ميږی

bitė

مچی

voras

غوندڼ/جولا

vabalas

كونگت

varlė

چونگ‌ڕه

voverė

نولى

ežys

زىرىكى

kiškis

سوى

pelėda

كونگ

paukštis

مرغى

gulbė

قازه

šernas

نرخوك

elnias

هوسى

briedis

گاوزه

užtvanka

بند

vėjo jėgainė

بادي توربين

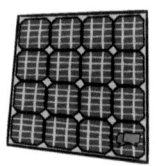

saulės baterija

سولر تختى

klimatas

اقليم

restoranas

ریسټورانټ

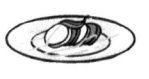

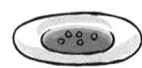

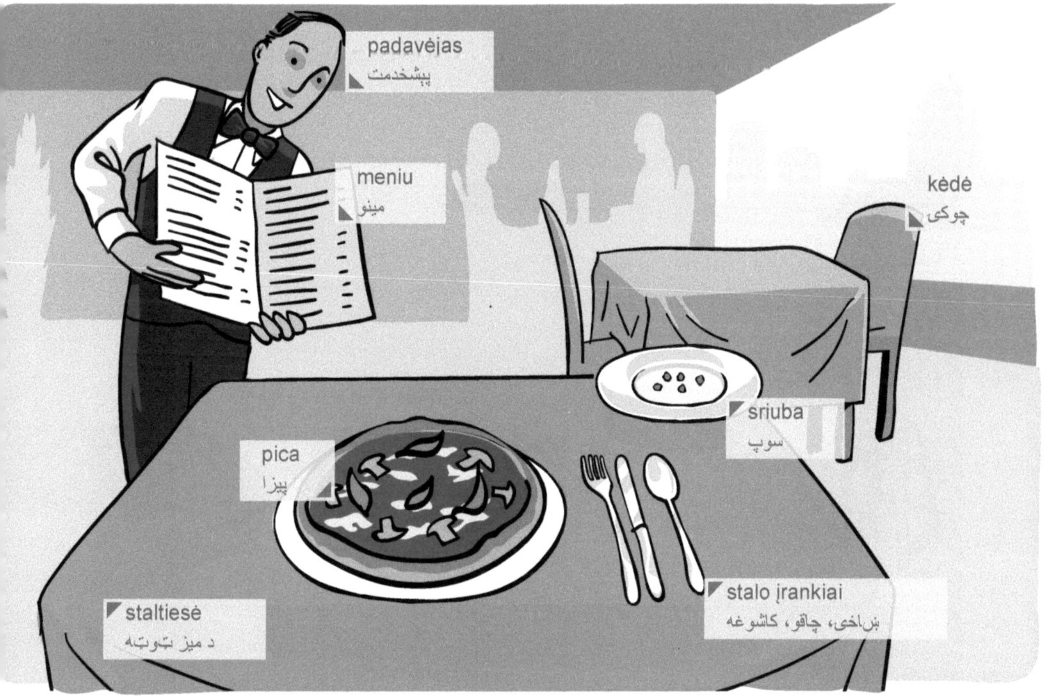
padavėjas
پیشخدمت
meniu
مینو
kėdė
چوکۍ
sriuba
سوپ
pica
پیزا
staltiesė
د میز ټوټه
stalo įrankiai
بڼاخې، چاقو، کاشوغه

užkandis

سټارټر

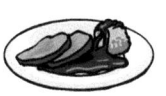

pagrindinis patiekalas

اصلي خواړه

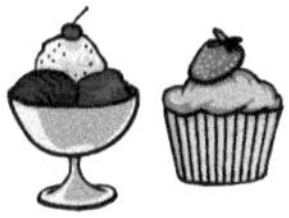

desertas

شیرني

gėrimai

څښاک

maistas

خواړه

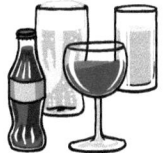

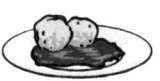

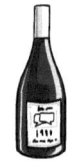

butelis

بوتل

greitai pateikiamas maistas

فاسټ فود

gatvės maistas

د کوڅې خواره

arbatinukas

چای جوش

cukrinė

قندانی

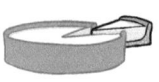

porcija

برخه

espreso aparatas

اسپرسو مشین

aukšta kėdė

لوړه چوکی

sąskaita

رسید

padėklas

مجمه

peilis

چاکو

šakutė

پنجه

šaukštas

قاشق

arbatinis šaukštelis

چای قاشق

servetėlė

سرویت

stiklinė

ګلاس

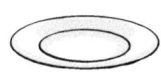

lėkštė

پلیټ

sriubos lėkštė

د سوپ پلیټ

padėklas

لالبکی

padažas

ساس

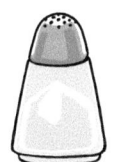

druskinė

مالګـه شیندونکی

pipirų malūnėlis

د مرچ ټکولو لوخی

actas

سرکه

aliejus

غوري

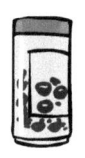 

prieskoniai

مساله

kečupas

کچ اپ

garstyčios

ښوَرَشم

majonezas

چکه

specialus pasiūlymas
خانگری وراندیز

pirkėjas
پیرودونکی

pieno produktai
لبنیات

troleibusas
لاسي ټرخ

vaisiai
میوه

FOR

mėsos parduotuvė	kepykla	sverti
قصابي	نانوایی	وزن کول
	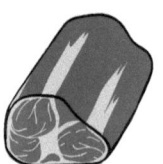	
daržovės	mėsa	šaldytas maistas
سبزیجات	غوښه	کنګل خواره

šalti mėsos užkandžiai

يخه غوښه

konservai

کنسروا خواړه

skalbimo milteliai

د میځخلو پودر

saldumynai

شیریني

ūkinės prekės

کورني تولیدات

valymo priemonės

د پاکولو محصولات

pardavėja

د پلور فرد

kasos aparatas

د نغدي راجستر

kasininkas

صراف

pirkinių sąrašas

د پیرود لیست

darbo valandos

کاري ساعتونه

piniginė

بټوه

kreditinė kortelė

کریدیت کارت

maišelis

کڅوړه

plastikinis maišelis

پلاستیک کڅوړه

vanduo

اوبه

sultys

جوس

pienas

شیده

kola

کوک

vynas

واین

alus

بیر

alkoholis

الکول

kakava

ککاو

arbata

چای

kava

کافي

espresas

اسپرسو

kapučinas

کپچینو

bananas

كيله

obuolys

مڼه

apelsinas

نارنج

arbūzas

هندوانه

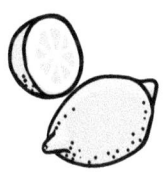

citrina

ليمو

morka

كازره

česnakas

هوږه

bambukas

بانكس

svogūnas

پياز

grybas

مرخيړي

riešutai

چغزى

makaronai

آش

spagečiai

سپيگتـي

ryžiai

وريجي

salotos

سلاد

traškučiai

چپس

keptos bulvės

سره کري کچالو

pica

پيزا

mėsainis

همبرگر

sumuštinis

ساندويچ

pjausnys

کتره

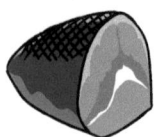

kumpis

د پتون غوښه

saliamis

سلمي

dešrelė

ساسچ

vištiena

چرگ

kepsnys

روست

žuvis

کب

avižų dribsniai

د وربشي شيريني

dribsniai su priedais

موسلي

kukurūzų dribsniai

د جوار پلی

miltai

اوړه

prancūziškasis ragelis

کروسانت

bandelė

د ډوډۍ رول

duona

ډوډۍ

skrebutis

ټّوسټ

sausainiai

بسکېټ

sviestas

کوچ

varškė

چکه

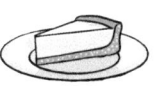

tortas

کېک

kiaušinis

هګۍ

kiaušinienė

پېښي هګۍ

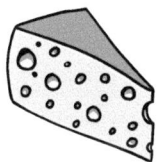

sūris

پنیر

ledai

أيس كريم

cukrus

بوره

medus

شهد

uogienė

مربا

tepamas šokoladas

نوگات كريم

karis

كوركمان

ūkininko ūkis
کرونده

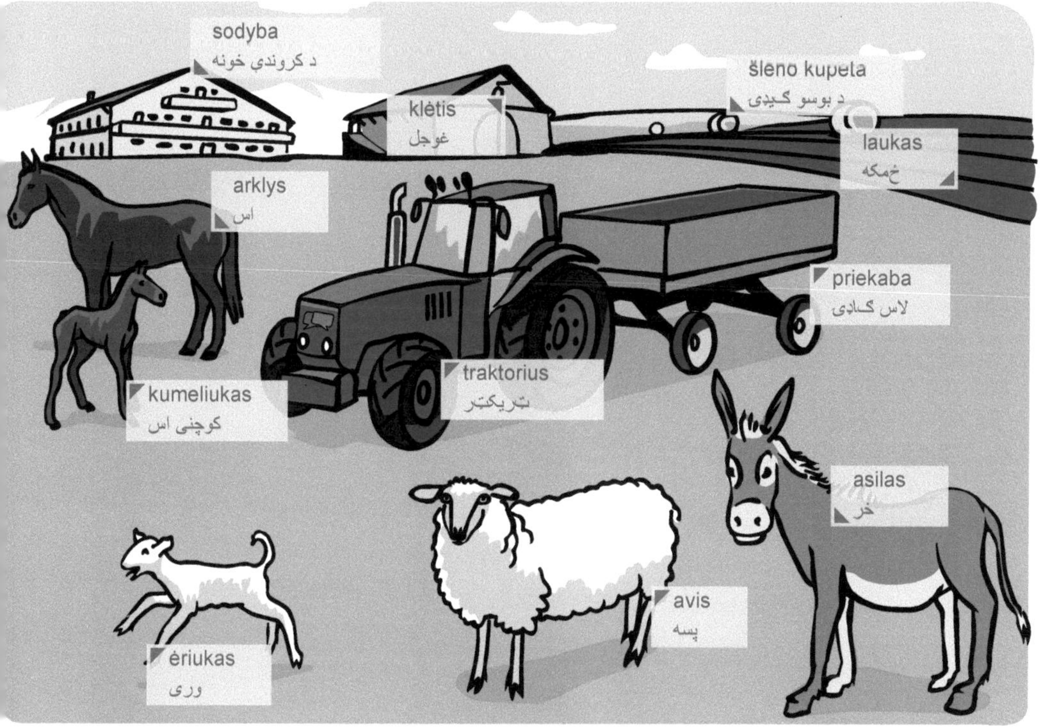
sodyba
د کروندې خونه
klėtis
غوجل
šieno kupeta
د بوسو کېډۍ
laukas
ځمکه
arklys
اس
priekaba
لاس ګاډی
kumeliukas
کوچنی اس
traktorius
ټریکټر
asilas
خر
avis
پسه
ėriukas
وری

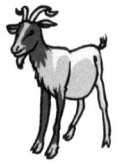

ožys

وزه

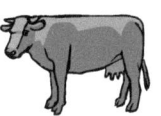

karvė

غوا

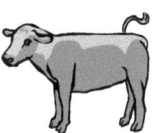

veršis

خوسکی

kiaulė

خوګ

paršelis

د خوګ بچی

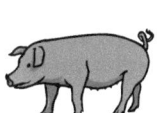

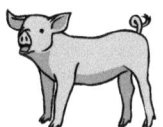

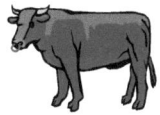

bulius

غویی

žąsis

بته

antis

هیلۍ

viščiukas

چرکورى

višta

چرګه

gaidys

بانګي

žiurkė

سارای موږک

katė

پیشک

pelė

موږک

jautis

غویى

šuo

سپى

šuns būda

د سپي خونه

sodo namas

د باغ هوز

laistytuvas

د اوبو لوخى

dalgis

لور (داس)

plūgas

يوى

pjautuvas

لور

kauptukas

رمبی

šakės

ښاخی

kirvis

تبر

statinė

کراچی

lovys

ناوه

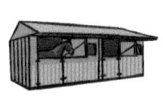

bidonas

د شیدو لوخی

maišas

جوال

tvora

کتہاره

arklidė

مضبوط

šiltnamis

ښنه خونه

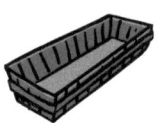

dirva

خاوره

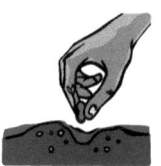

sėkla

تخم

trąšos

سره/کود

kombainas

کد ریبونکی ماشین

rinkti

زيرمه كول

derlius

درمند

saldžiosios bulvės

خواږه كچالو

kviečiai

غنم

soja

سويا

bulvė

كچالو

kukurūzai

جوار

rapsai

نباتي تخم

vaismedis

د ميوي ونه

manijokas

مانيوك

grūdai

غله

namas

کور

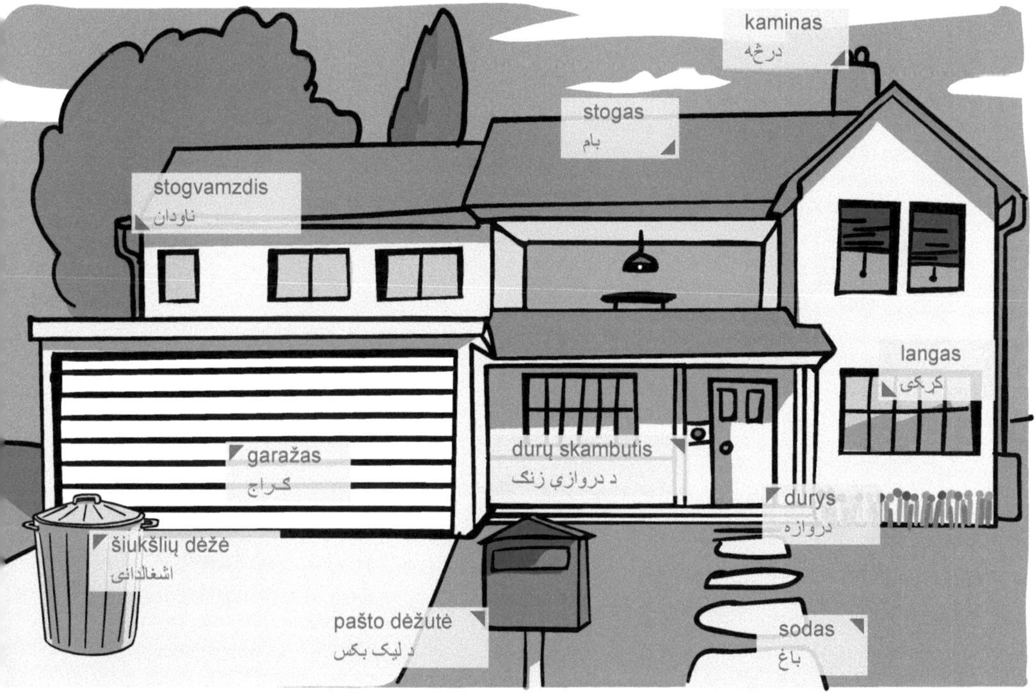

kaminas
درځه
stogas
بام
stogvamzdis
ناودان
langas
کړکۍ
garažas
ګراج
durų skambutis
د دروازې زنګ
durys
دروازه
šiukšlių dėžė
اشغالدانی
pašto dėžutė
د لیک بکس
sodas
باغ

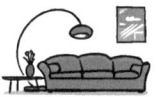

svetainė
د اوسیدو خونه

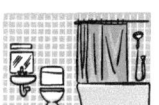

vonios kambarys
حمام

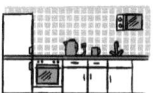

virtuvė
پخلنځی

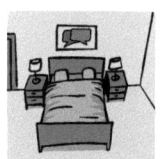

miegamasis
د ویده کیدو خونه

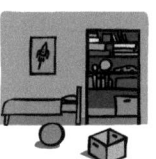

vaiko kambarys
د ماشوم خونه

valgomasis
د خوړو خونه

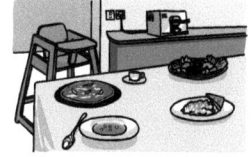

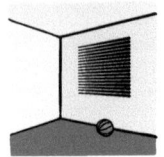

grindys

فرش

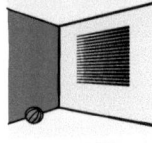

siena

ديوال

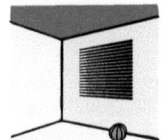

lubos

چت

rūsys

زيرخانه

sauna

سونا

balkonas

بالكوني

terasa

نتراس

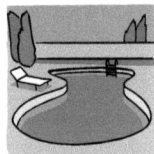

baseinas

حوض

žoliapjovė

د چمن وهلو ماشين

paklodė

شيت

lovatiesė

روجايي

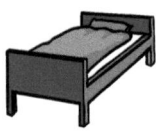

lova

تخت

šluota

جارو

kibiras

بوكه

jungiklis

سويچ

svetainė
د اوسيدو خونه

tapetai
والپیپر
nuotrauka
عکس
šviestuvas
لامپ
lentyna
شیلف
spintelė
الماری
televizorius
تلویزیون
židinys
نغری
gėlė
گل
pagalvėlė
بالښت
sofa
صوفه
vaza
گلدانی
nuotolinio valdymo pultelis
ریموټ کنټرول

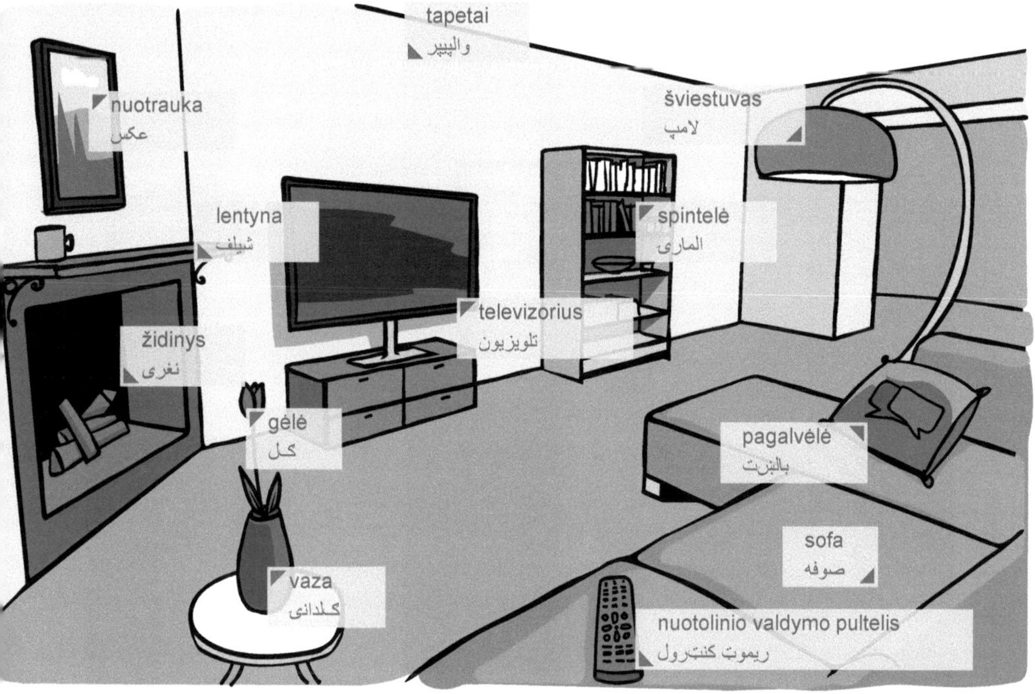

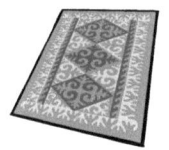

kilimas

غالی

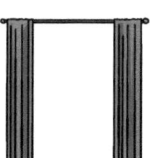

užuolaida

پرده

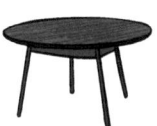

stalas

میز

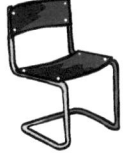

kėdė

چوکی

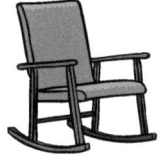

supamasis krėslas

تاویدونکي چوکی

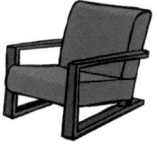

fotelis

بازو لرونکی چوکی

knyga

كتاب

antklodė

كمبل

papuošimai

ديكوريشن

malkos

د اور لرګي

filmas

فلم

stereo aparatūra

هايـفاى

raktas

كلي

laikraštis

ورځپاڼه

paveikslas

نقاشي

plakatas

پوسټر

radijas

راديو

užrašų knygelė

كتابچه

dulkių siurblys

واكيوم جارو

kaktusas

كاكتوس

žvakė

شمع

virtuvė
پخلنځی

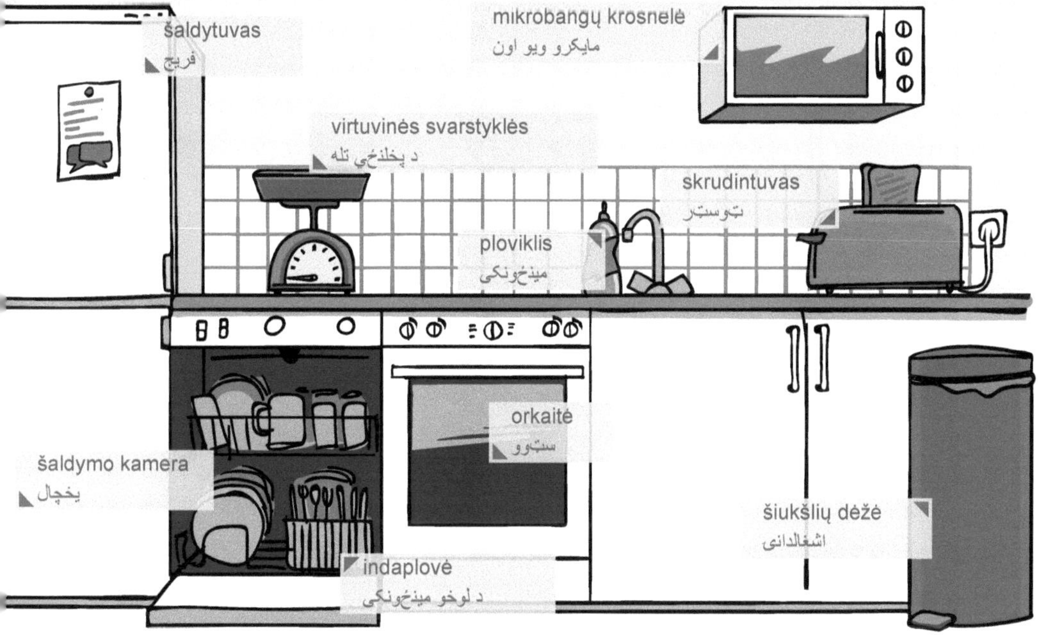

šaldytuvas
فریج
mikrobangų krosnelė
مایکرو ویو اون
virtuvinės svarstyklės
د پخلنځي تله
skrudintuvas
ټوستر
ploviklis
مینځونکی
orkaitė
سټوو
šaldymo kamera
یخچال
šiukšlių dėžė
اشغالدانی
indaplovė
د لوخو مینځونکی

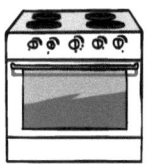

viryklė

دیگ بخار

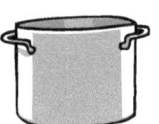

puodas

لوخی

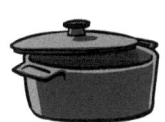

ketaus puodas

چدني لوخی

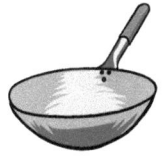

„wok“ keptuvė

ووک

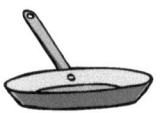

keptuvė

د تلي په

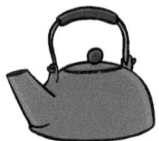

virdulys

چای جوش

garų puodas

د بخار دیگ

kepimo skarda

پتنوس

porceliano indai

لوخي

puodelis

مگ

dubuo

کاسه

valgomosios lazdelės

د رانیولو اوزار

samtis

څمڅۍ

mentelė

کفګیر

plaktuvas

پاکونکی

koštuvas

صافي

sietas

غلبیل

trintuvė

کریتر

grūstuvė

اونگ

kepsninė

بار بي کیو

atvira liepsna

خلاص اور

pjaustymo lentelė

تخته

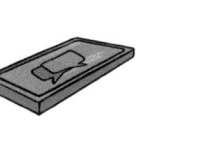

kočėlas

هوارونکی

kamščiatraukis

ګارک سګريو

skardinė

تِیم

skardinių atidarytuvas

د تِیم خلاصونکی

puodkėlė

د لوخي تتوئه

kriauklė

ظرف شوی

šepetys

برس

kempinė

سپنج

trintuvas

بلیندر

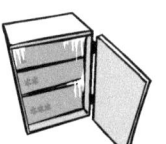

šaldiklis

ژور یخچال

kūdikių buteliukas

د ماشوم بوتل

čiaupas

نل

Bathroom illustration

شاور
dušas

šildymas
تودول

rankšluostis
جان پاک

dušo užuolaidos
د شاور پرده

vonios putos
بيل حمام

vonia
د حمام ټب

stiklinė
گلاس

skalbimo mašina
د مينځلو مشين

plytelės
ټايلونه

čiaupas
ټل

naktinis puodukas
يو دول کمود

kriauklė
ظرف شوی

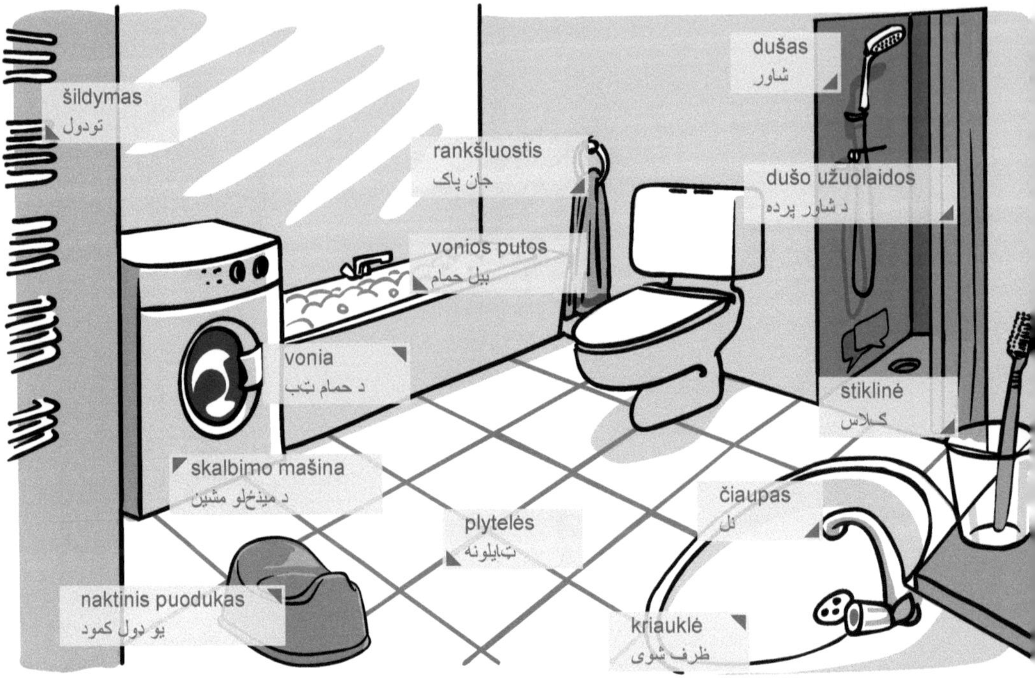

unitazas

تشناب

tupimasis unitazas

فرشي کمود

bidė

کمود

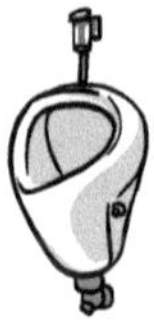

pisuaras

د متيازو خای

tualetinis popierius

تشناب کاغذ

unitazo šepetys

د تشناب برس

dantų šepetėlis

د غاښونو برس

dantų pasta

د غاښونو کریم

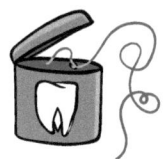

dantų siūlas

د غاښونو نخ

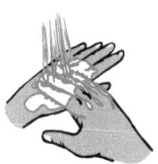

plauti

لمينځل

dušo galvutė

د لاسي شاور

higieninis dušas

دوش

praustuvas

خانک

nugaros plaušinė

د شا برس

muilas

صابون

dušo želė

د شاور ژل

šampūnas

شامپو

plaušinė

فلانل جامه

kanalizacija

وچول

kremas

کریم

dezodorantas

سپری

veidrodis

آینه

veidrodėlis

لاسي آینه

skustuvas

ریزر

skutimosi putos

د خریلو فوم

losjonas po skutimosi

د خریلو وروسته

šukos

كمنځ

šepetys

برس

plaukų džiovintuvas

د ویښتانو وچونکی

plaukų lakas

د ویښتانو سپری

makiažas

میک اپ

lūpdažis

لیپ سټیک

nagų lakas

د نوکانو پالش

vata

کاټن وری

žirklutės nagams

ناخن گیر

kvepalai

عطر

maišelis skalbiniams

د مينځلو كڅوړه

taburetė

ستول

svarstyklės

د وزن كولو تله

chalatas

د حمام پوښاک

guminės pirštinės

د ربر دستكش

tamponas

ټامپون

higieninis įklotas

صحيى جان پاك

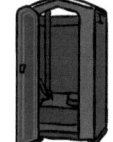

biotualetas

كيميكل تشناب

vaiko kambarys

د ماشوم خونه

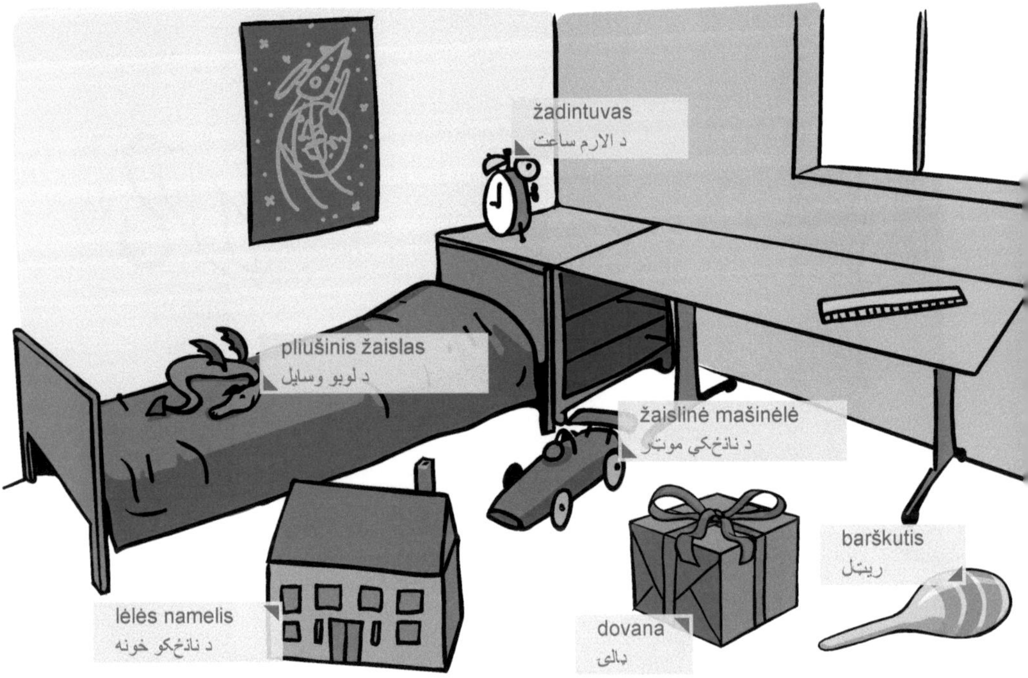

žadintuvas
د الارم ساعت
pliušinis žaislas
د لوبو وسایل
žaislinė mašinėlė
د ناڅکي موټر
barškutis
ریټل
lėlės namelis
د ناڅکو خونه
dovana
ډالۍ

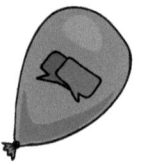

balionas

بالون

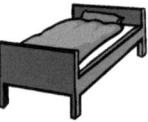

lova

تخت

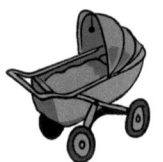

vaikiškas vežimėlis

کالسکه

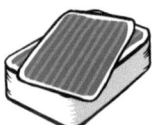

kortų malka

د لوبو ورقي

delionė

جیگسا

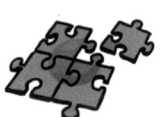

komiksai

مسخره

lego kaladėlės

ليگو بريک

žaislinės kaladėlės

د نانځكو بلاک

figūrėlė

د اكشن فيگور

šliaužtinukai

د ماشوم پوښاک

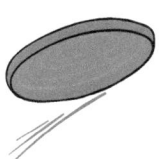

mėtymo lėkštė

فريزبي

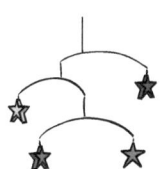

karuselė

موبايل

stalo žaidimas

بورډ لوبه

kauliukai

تاس

žaislinis traukinys

مادل ريل سيټ

žindukas

كونگشى

vakarėlis

پارټي

paveiksliukų knygelė

د عكسونو البوم

kamuolys

بال

lėlė

نانځكه

žaisti

لوبيدل

smėlio dėžė

د شګو کنده

sūpynės

سوینګ

žaislai

ناځوکي

žaidimų konsolė

د ویډیو لوبو کنسول

triratukas

ترای سایکل

meškiukas

ګوډبکه

drabužių spinta

د کالو الماری

drabužis

kojinės

جرابي

kojinės virš kelių

لوړي جرابي

pėdkelnės

ټایټس

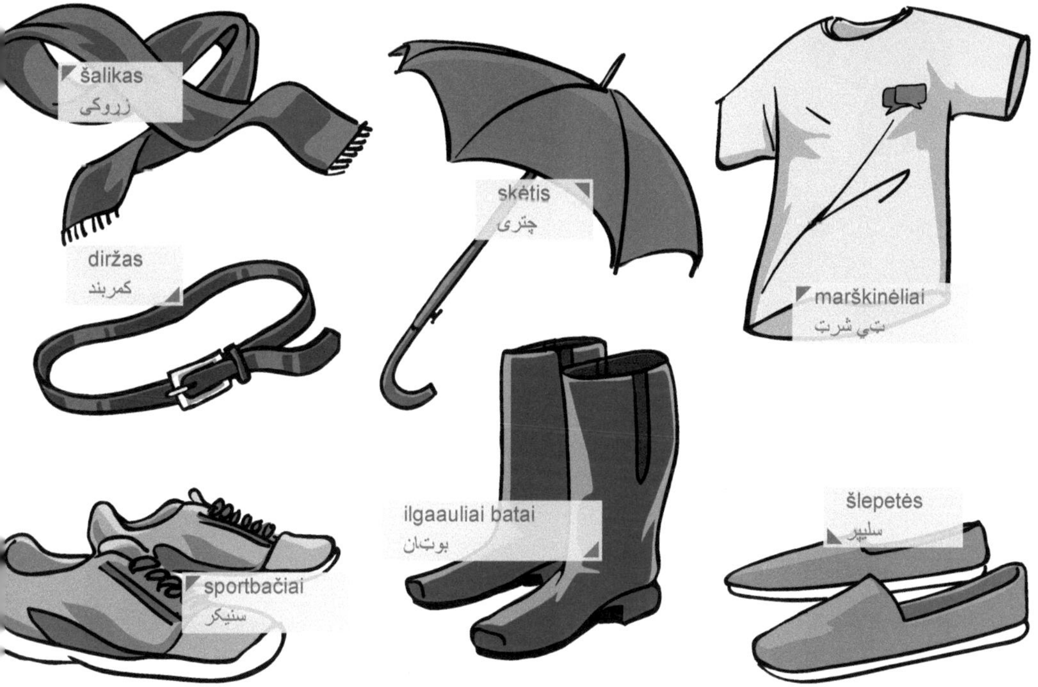

šalikas
زروکی

diržas
کمربند

skėtis
چتری

marškinėliai
ټي شرت

ilgaauliai batai
بوټان

sportbačiai
سنيکر

šlepetės
سليپر

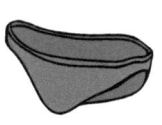

sandalai

سينډل

batai

بوټان

guminiai batai

د ربر بوټان

trumpikės

زيرنيکري

liemenėlė

سينه بند

liemenė

واسکټ

glaustinukė

بادي

kelnės

پتلون

džinsai

جينز

sijonas

لمن

palaidinė

بلاوز

marškiniai

شرت

megztinis

بنيان

megztinis su gobtuvu

سويتر

švarkelis

بليزر

švarkas

جاكت

paltas

كوت

lietpaltis

د باران کوت

kostiumas

پوښاک

suknelė

كالي

vestuvinė suknelė

د واده پوښاک

kostiumas

دريشي

naktiniai marškiniai

د شپې پوښاک

pižama

پاجامه

saris

ساري

skarelė

لوپټه

tiurbanas

پټکی

burka

برقه

kaftanas

کفتن

abaja

عبا

maudymosi kostiumėlis

د لامبو پوښاک

glaudės

نیکر

šortai

شارټ

sportinis kostiumas

د خ‍غاستي پوښاک

prijuostė

پیش بند

pirštinės

دستکش

saga

بتن

akiniai

عینک

apyrankė

لاس بند

vėrinys

غاړه کۍ

žiedas

ګوتمه

auskaras

غوږوالۍ

kepurė

خولۍ

pakabas

کوټ بند

skrybėlė

خولۍ

kaklaraištis

نتایی

užtrauktukas

ځنځیر

šalmas

هیلمیټ

breketai

ټرونکی

mokyklinė uniforma

د ښوونځي یونیفارم

uniforma

یونیفارم

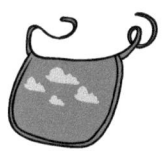

seilinukas

بيب

žindukas

ګونګشی

vystyklai

ليپي

biuras

دفتر

serveris
سرور
dokumentų spinta
د دوسيه الماری
popierius
ورق
spausdintuvas
پرينټر
vaizduoklis
مانيټور
pelė
ماوس
rašomasis stalas
ډيسک
aplankas
فولډر
klaviatūra
کي بورډ
šiukšliadėžė
اشغالدانی
kompiuteris
کمپيوټر
kėdė
چوکۍ

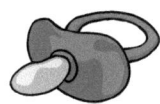

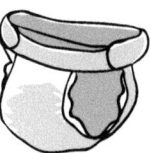

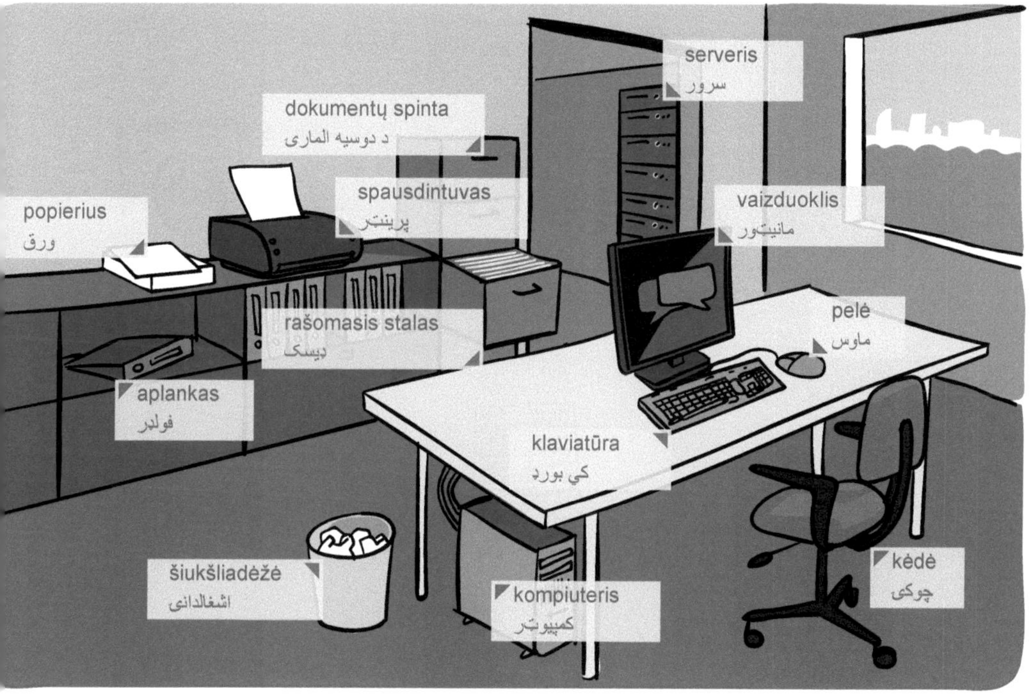

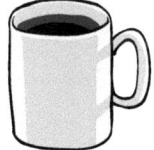

kavos puodelis

د کافي پياله

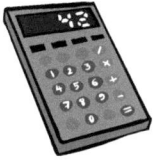

kalkuliatorius

کالکوليټر

internetas

انټرنيټ

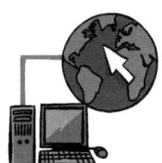

nešiojamasis kompiuteris

لپ تاپ

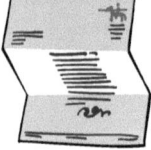

laiškas

لیک

žinutė

پیغام

mobilusis telefonas

موبایل

tinklas

نیتورک

fotokopijavimo aparatas

فوتوکاپیر

programinė įranga

سافتویر

telefonas

تلیفون

kištukinis lizdas

پلک ساکت

faksas

فکس مشین

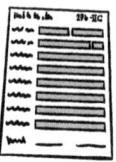

forma

فارم

dokumentas

سند

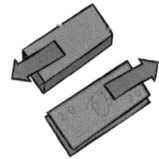

pirkti

پېرل

mokėti

تاديه کول

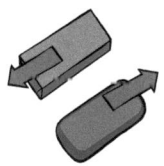

prekiauti

سوداگري کول

pinigai

پيسې

doleris

ډالر

euras

يورو

jena

ين

rublis

ربل

Šveicarijos frankas

سويسي فرانک

juanis

رينمينبي يوان

rupija

روپۍ

bankomatas

د نغدي پيسو خُای

valiutos keitykla

د اسعارو د تبادلي دفتر

auksas

سره زر

sidabras

سپین زر

nafta

تيل

energija

انرژي

kaina

نرخ

sutartis

قرارداد

mokestis

ماليه

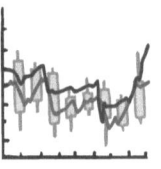

akcijos

اسهام

dirbti

کار کول

darbuotojas

کارمند

darbdavys

کار ګومارونکی

gamykla

فابريکه

parduotuvė

پلورنځی

profesijos
مسلکونه

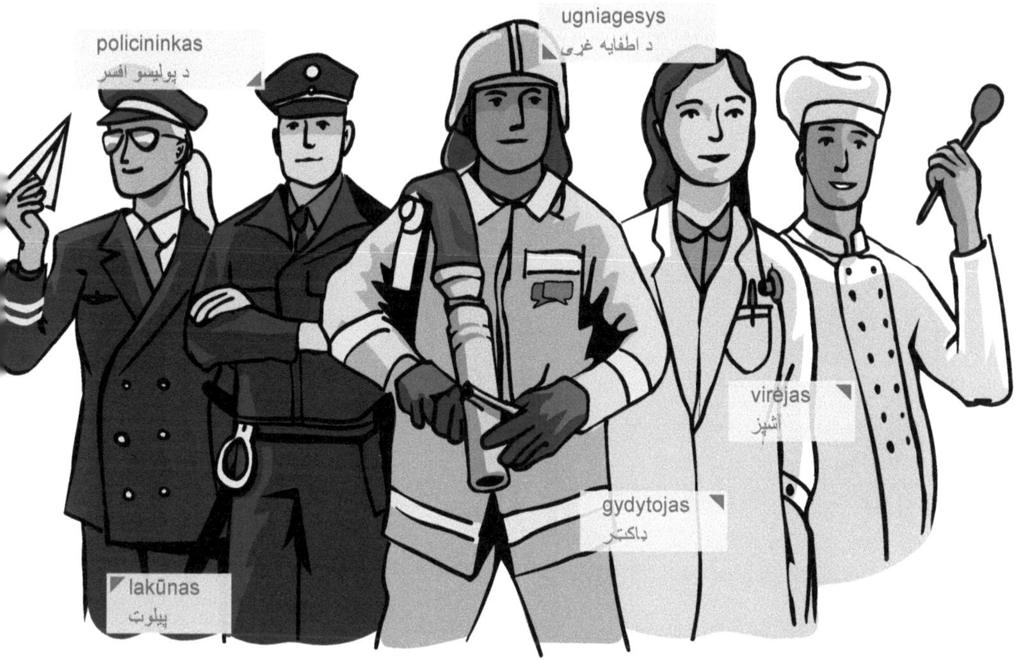

policininkas
د پولیسو افسر
ugniagesys
د اطفایه غړی
virėjas
آشپز
gydytojas
ډاکټر
lakūnas
پیلوټ

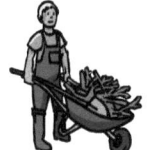

sodininkas
باغوان

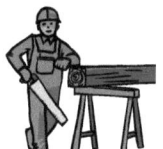

stalius
نجار

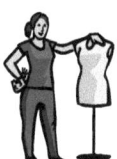

siuvėja
خیاط

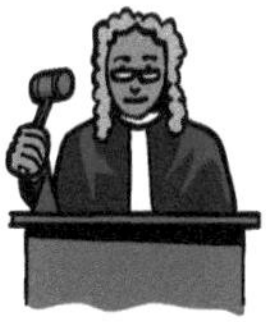

teisėjas
قاضي

chemikas
کیمیا پوه

aktorius
د فلم لوبغاړی

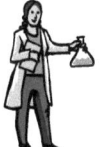

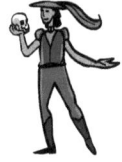

autobuso vairuotojas

د بس ډرايور

taksi vairuotojas

د ټيکسي ډرايور

žvejys

کب نیونکی

valytoja

خدمه

stogdengys

بام جوړونکی

padavėjas

پيشخدمت

medžiotojas

ښکاري

dailininkas

نقاش

kepėjas

نانوا

elektrikas

د بریښنا کارکونکی

statybininkas

تعمیر جوړونکی

inžinierius

انجنیر

mėsininkas

قصاب

santechnikas

نلدوان

paštininkas

پوست رسونکی

kareivis

سرتيری

architektas

مهندس

kasininkas

صراف

gėlininkas

ماليار

kirpėjas

نايی

konduktorius

كليندر

mechanikas

ميكانيك

kapitonas

كپتان

odontologas

د غاښونو ډاكټر

mokslininkas

ساینس پوه

rabinas

بن‌ياغلی

imamas

امام

vienuolis

مذهبي نفر

kunigas

پادري

įrankiai
لوازم

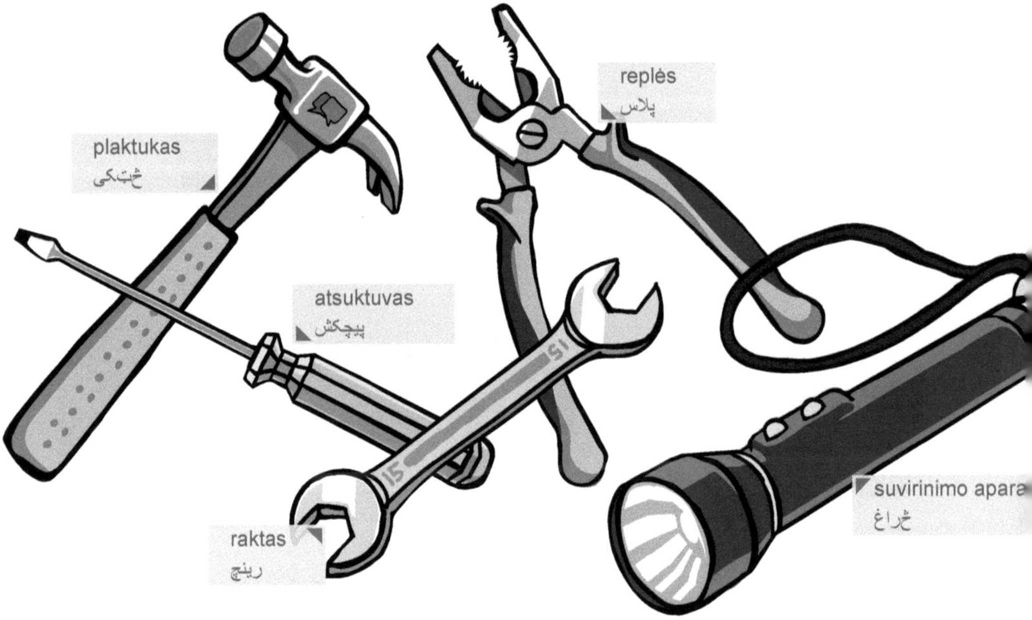
replės
پلاس
plaktukas
څټکی
atsuktuvas
پیچکش
raktas
رینچ
suvirinimo apara
څراغ

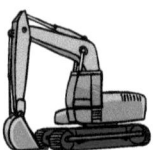

ekskavatorius

کنستونکی

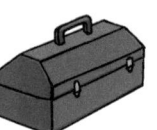

įrankių dėžė

د لوازمو بکس

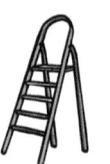

kopėčios

زینه

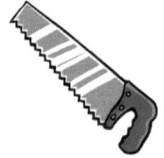

pjūklas

اره

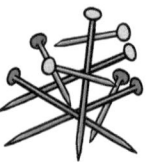

vinys

میخونه

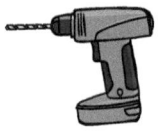

grąžtas

برمه

taisyti

ترمیم کول

kastuvas

بیل

Velniava!

لعنت!

semtuvėlis

خاک انداز

dažų skardinė

مشوانۍ

varžtai

پېچونه

muzikos instrumentai

د میوزیک آلات

garsiakalbis

لاود سپيکر

būgnų rinkinys

درم سیټ

kontrabosas

کنترباس

trimitas

تروميپيټ

gitara

گيتار

pianinas

پيانو

smuikas

وايلن

bosinė gitara

باس

timpanas

نغاره

būgnai

ډرمونه

sintezatorius

کي بورد

saksofonas

سيکسافون

fleita

شپيلی

mikrofonas

مايکروفون

zoologijos sodas

ژوبڼ

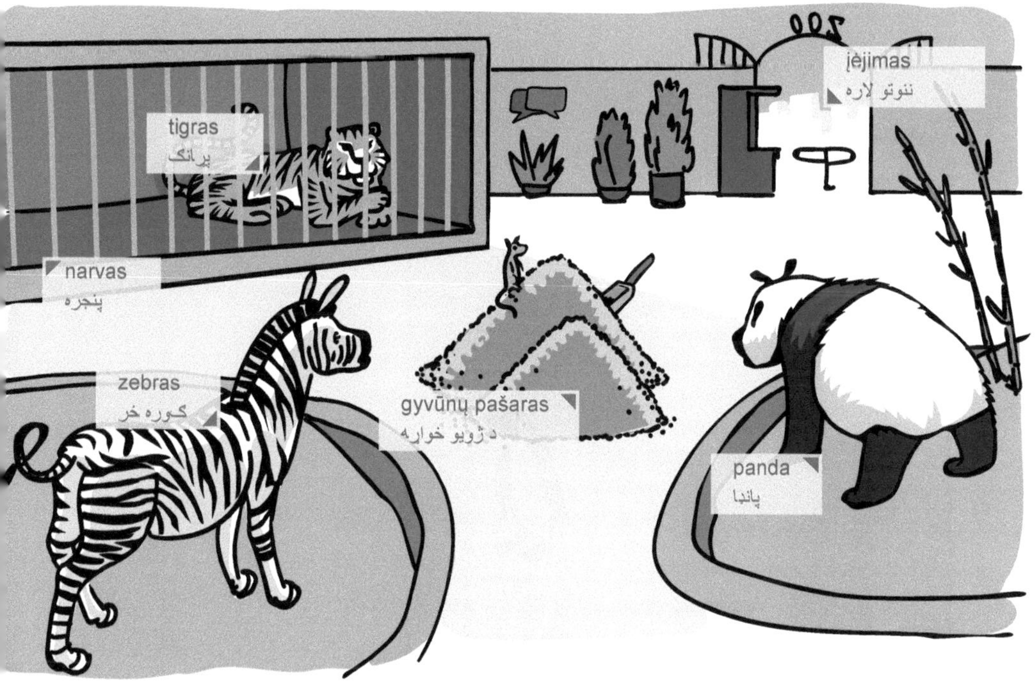

tigras
پړانګ
narvas
پنجره
zebras
ګوره خر
gyvūnų pašaras
د ژويو خواړه
įėjimas
ننوتو لاره
panda
پانډا

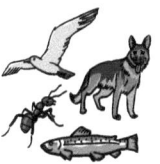

gyvūnai
....
ژوی

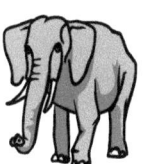

dramblys
....
هاتي

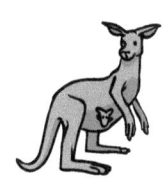

kengūra
....
کنګرو

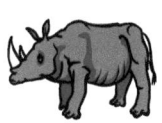

raganosis
....
د اوبو اسپ

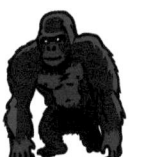

gorila
....
ګوريلا

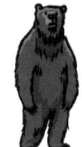

meška
....
ایږه

kupranugaris

اوښ

strutis

شترمرغ

liūtas

زمری

beždžionė

بيزو

flamingas

غزی

papūga

طوطي

baltoji meška

قطبي ايږه

pingvinas

پینګوین

ryklys

شارک

povas

طاوس

gyvatė

مار

krokodilas

تمساح

zoologijos sodo prižiūrėtojas

ژوبڼ ساتونکی

ruonis

سيل

jaguaras

جګوار

ponis

يابو

leopardas

پرانگ

begemotas

هیپو

žirafa

زرافه

erelis

باز

šernas

نرخوک

žuvis

کب

vėžlys

ٿمٿتی

vėplys

سمندري نولی

lapė

گیدره

gazelė

هوسی

amerikietiškas futbolas
امریکایی فټبال

dviračių sportas
سایکل ځغلول

tenisas
ټینس

krepšinis
باسکېټبال

plaukimas
لامبو

boksas
باکسینگ

ledo ritulys
د کنګل هاکي

---

futbolas
....
فټبال

badmintonas
....
کسيزه

atletika
....
د ځغاستی لوبی

rankinis
....
د هندبال

slidinėjimas
....
سکي

polas
....
پولو

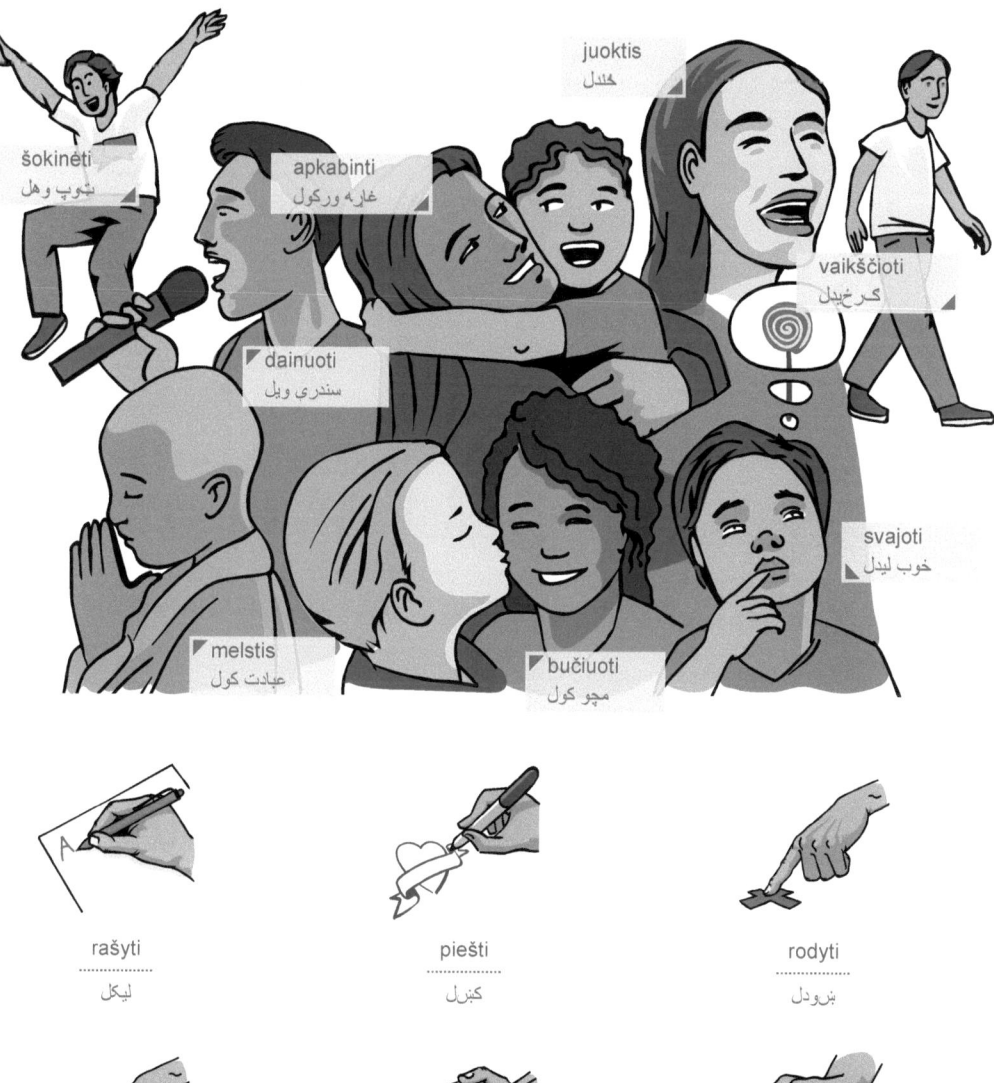

šokinėti
ټوپ وهل

apkabinti
غاړه ورکول

juoktis
خندل

dainuoti
سندري ويل

vaikščioti
ګرځيدل

melstis
عبادت کول

bučiuoti
مچو کول

svajoti
خوب ليدل

rašyti
ليکل

piešti
کښل

rodyti
ښودل

stumti
تيله کول

duoti
ورکول

imti
اخيستل

turėti

درلودل

daryti

کول

būti

پاییدل

stovėti

ودریدل

bėgti

منډی وهل

traukti

راکښل

mesti

ګوزارل

kristi

لویدل

meluoti

څملاستل

laukti

انتظار کول

nešti

ورل

sėdėti

کښېناستل

rengtis

پوښاک اغوستل

miegoti

ویده کیدل

pabusti

پاڅیدل

užsiėmimai - فعالیتونه

žiūrėti

کتل

verkti

ژړل

glostyti

بريد کول

šukuoti

کمنځخ کول

kalbėti

خبرى کول

suprasti

پوهيدل

paklausti

غوښتل

klausytis

اوريدل

gerti

څښل

valgyti

خورل

tvarkytis

پاکول

mylėti

مينه کول

gaminti

پخلى کول

vairuoti

موټر چلول

skristi

الوتل

buriuoti

بیری چلول

skaičiuoti

حساب

skaityti

لوستل

mokytis

زده کول

dirbti

کار کول

vesti

واده کول

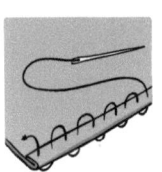

siūti

ګنډل

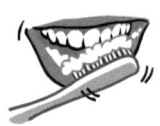

valytis dantis

د غاښونو برس کول

žudyti

وژل

rūkyti

سګرټ څکښل

siųsti

لیږل

senelė — نيا

senelis — نيكه

tėvas — پلار

motina — مور

kūdikis — ماشوم

dukra — لور

sūnus — زوى

svečias

ميلمه

teta

ترور

dėdė

كاكا/ماما

brolis

ورور

sesuo

خور

kūnas

بدن

kakta
تندی
akis
سترګې
veidas
مخ
smakras
زنه
pirštas
ګوته
plaštaka
لاس
krūtinė
سينه
ranka
مټ
petys
اوږه
koja
پښه

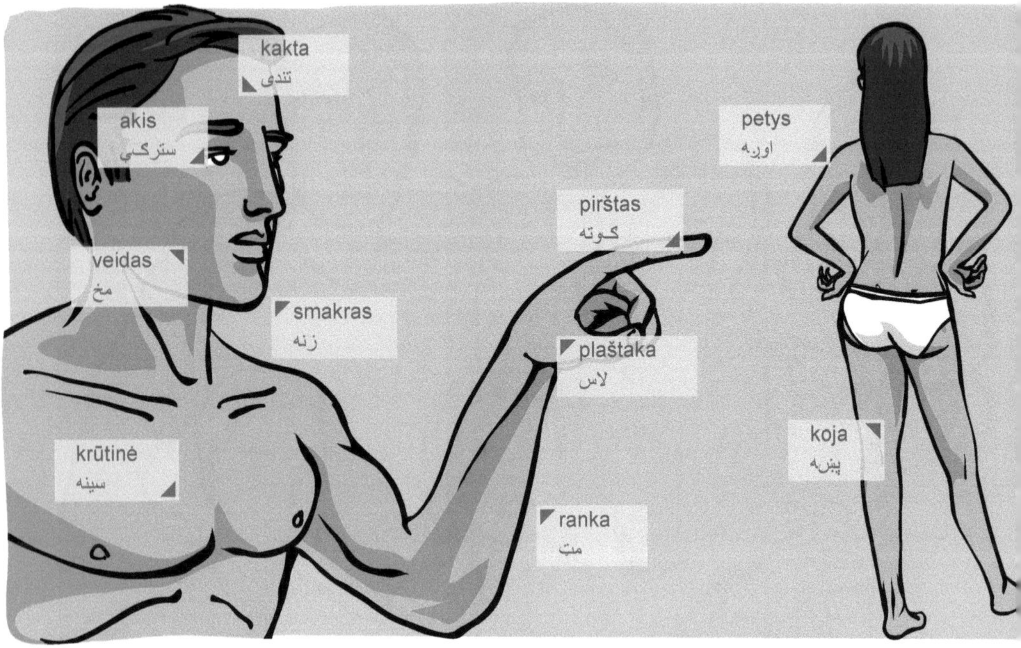

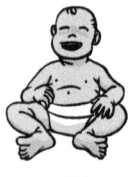

kūdikis

ماشوم

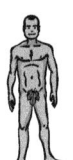

vyras

سړی

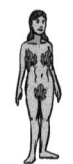

moteris

ښځه

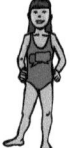

mergaitė

انجلۍ

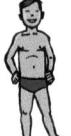

berniukas

هلک

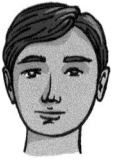

galva

سر

nugara

شا

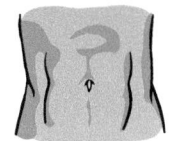

pilvas

حيپه

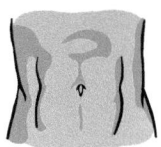

bamba

نوم

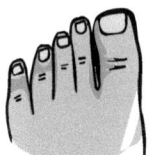

kojos pirštas

د پښې گوته

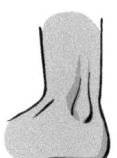

kulnas

پونده

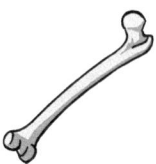

kaulas

هدوکی

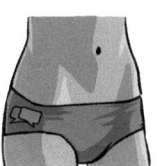

klubas

کوناټی

kelis

زنگون

alkūnė

څنگل

nosis

پوزه

sėdmenys

لاندي برخه

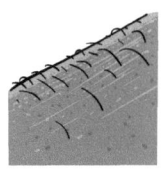

oda

پوټکی

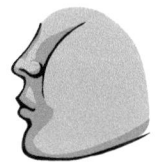

skruostas

غومبوری

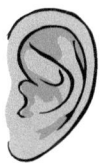

ausis

غوږ

lūpa

شونډه

burna

خوله

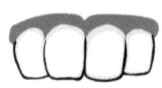

dantis

غاښ

liežuvis

ژبه

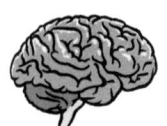

smegenys

مغز

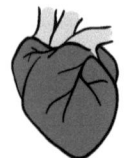

širdis

زړه

raumuo

عضله

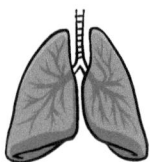

plaučiai

سږی

kepenys

ځيګر

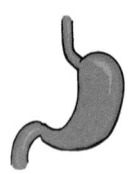

skrandis

معده

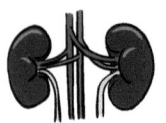

inkstai

پښتورګي

seksas

جنسي نږدي والی

prezervatyvas

كاندوم

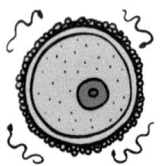

kiaušialąstė

تخمه

sperma

مني

nėštumas

حمل

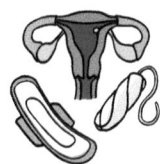

menstruacijos

حيض

makštis

مهبل

varpa

د نارينه تناسلي اله

antakis

وروځی

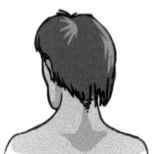

plaukai

ویښته

kaklas

غاړه

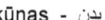

ligoninė
روغتون

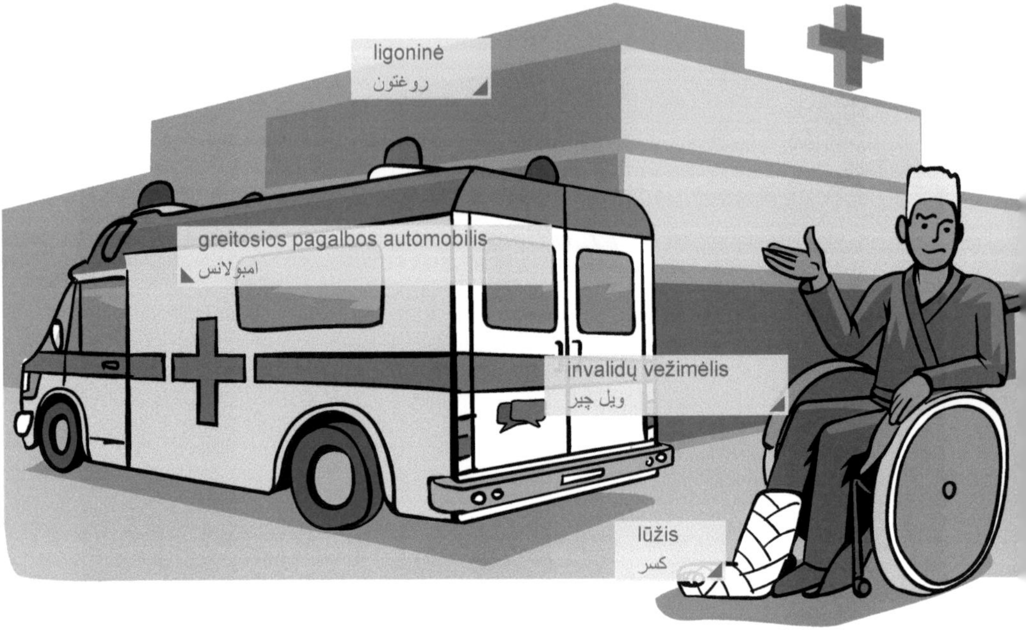

ligoninė
روغتون
greitosios pagalbos automobilis
امبولانس
invalidų vežimėlis
ويل چير
lūžis
کسر

gydytojas
ډاکټر

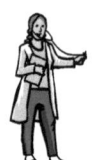

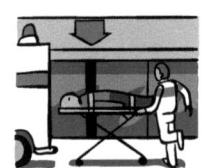

skubios pagalbos skyrius
عاجل خونه

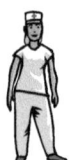

slaugytoja
رنځورپال

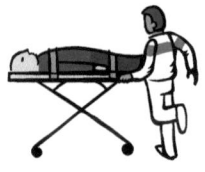

nelaimingas atsitikimas
عاجل

be sąmonės
بې هوش

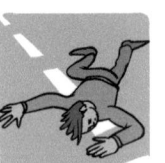

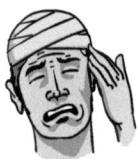

skausmas
درد

sužalojimus

پټپ

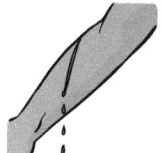

kraujavimas

وینه لویدل

širdies smūgis

د زره حمله

insultas

ضرب

alergija

حساسیت

kosulys

ټوخی

karščiavimas

تبه

gripas

انفلوینزا

viduriavimas

نس ناستی

galvos skausmas

سر درد

vėžys

سرطان

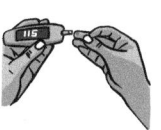

diabetas

شکر

chirurgas

جراح

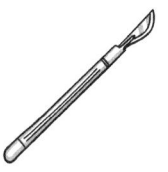

skalpelis

سکالپل

operacija

عملیات

KT

سي‌ري‌تي

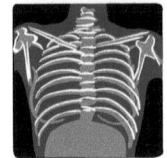

rentgenas

ایکس ری

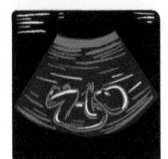

ultragarsas

التراساوند

veido kaukė

د مخ ماسک

liga

ناروغي

laukiamasis

انتظار خونه

ramentas

امساآ

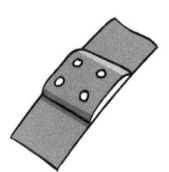

gipsas

پلستر

tvarstis

بنداژ

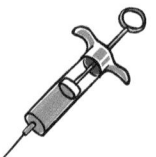

injekcija

تزریق

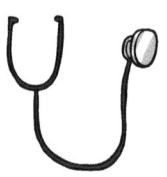

stetoskopas

ستاتسکوپ

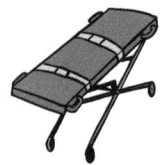

neštuvai

تسكيره

termometras

کلینکي ترماميتر

gimimas

زيږون

antsvoris

زيات وزن

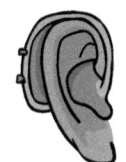

klausos aparatas

د اوريدو مرسته

dezinfekavimo priemonė

د عفونيت څخه پاکونکي مواد

infekcija

عفونيت

virusas

ويروس

ŽIV / AIDS

ایچ.آی.وی/ایدز

vaistas

درمل

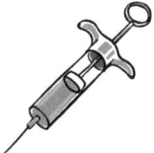

skiepijimas

واکسين

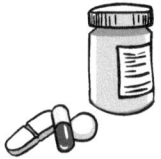

tabletės

ټابليټس

piliulė

ګولۍ

skubios pagalbos numeris

عاجل تليفون

kraujospūdžio matuoklis

د وينې د فشار څارونکی

ligotas / sveikas

ناروغ/روغ

Padėkite!

مرسته!

pavojaus signalas

الارم

užpuolimas

يرغل

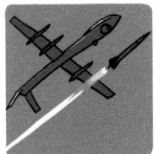

ataka

بريد

pavojus

خطر

avarinis išėjimas

عاجل لاره

Gaisras!

اور!

gesintuvas

د اور وژونکی

nelaimingas atsitikimas

پیښه

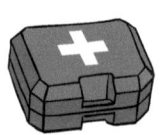

pirmosios pagalbos rinkinys

د لومړی مرستې لوازم

SOS

ایس.او.ایس

policija

پوليس

Europa

اروپا

Šiaurės Amerika

شمالي امریکا

Pietų Amerika

سهیلي امریکا

Afrika

افریقا

Azija

آسیا

Australija

آستریلیا

Atlanto vandenynas

اتلانتیک

Ramusis vandenynas

پاسیفیک

Indijos vandenynas

د هند بحر

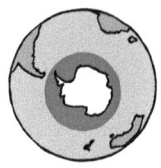

Pietų vandenynas

جنوبي منجمد بحر

Arkties vandenynas

د شمال قطب بحر

Šiaurės ašigalis

شمالي قطب

Pietų ašigalis

سهيلي قطب

Antarktida

انتارکتيکا

Žemė

خُمکه

sausuma

خُمکه

jūra

بحر

sala

ټاپو

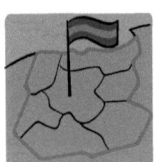

tauta

ملت

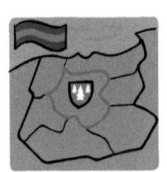

valstybė

دولت

ciferblatas

د مخي ساعت

valandinė rodyklė

د ساعت ستنه

minutinė rodyklė

د دقیقی ستنه

sekundinė rodyklė

د ثانیی ستنه

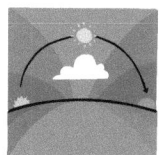

Kiek valandų?

څه وخت دی؟

diena

ورځ

laikas

وخت

dabar

اوس

skaitmeninis laikrodis

ډیجیټل ساعت

minutė

دقیقه

valanda

ساعت

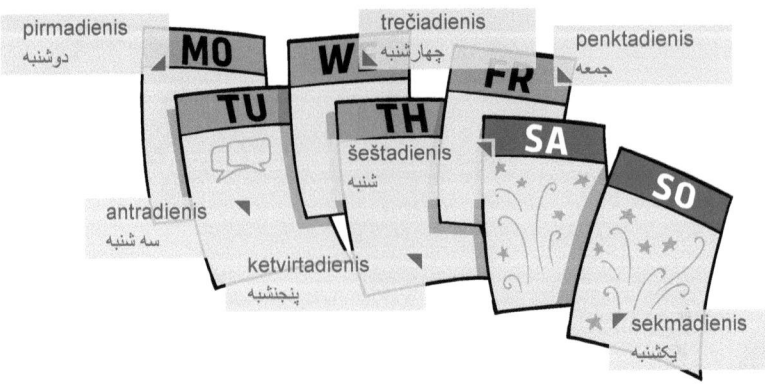

pirmadienis
دوشنبه

trečiadienis
چهارشنبه

penktadienis
جمعه

šeštadienis
شنبه

antradienis
سه شنبه

ketvirtadienis
پنجشنبه

sekmadienis
یکشنبه

vakar

پرون

šiandien

نن

rytoj

سبا

rytas

سهار

vidurdienis

غرمه

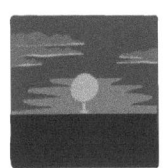

vakaras

ماښام

MO	TU	WE	TH	FR	SA	SU
1	2	3	4	5	6	7
8	9	10	11	12	13	14
15	16	17	18	19	20	21
22	23	24	25	26	27	28
29	30	31	1	2	3	4

darbo dienos

کاري ورځې

MO	TU	WE	TH	FR	SA	SU
1	2	3	4	5	6	7
8	9	10	11	12	13	14
15	16	17	18	19	20	21
22	23	24	25	26	27	28
29	30	31	1	2	3	4

savaitgalis

د اونۍ پای

metai

کال

lietus
باران
vaivorykštė
رنګين کمان
sniegas
واوره
vėjas
باد
pavasaris
پسرلی
ruduo
منی
vasara
اوړی
žiema
ژمی

4.APRIL 11°
5.APRIL 4°
6.APRIL 13°
7.APRIL 8°
8.APRIL 10°

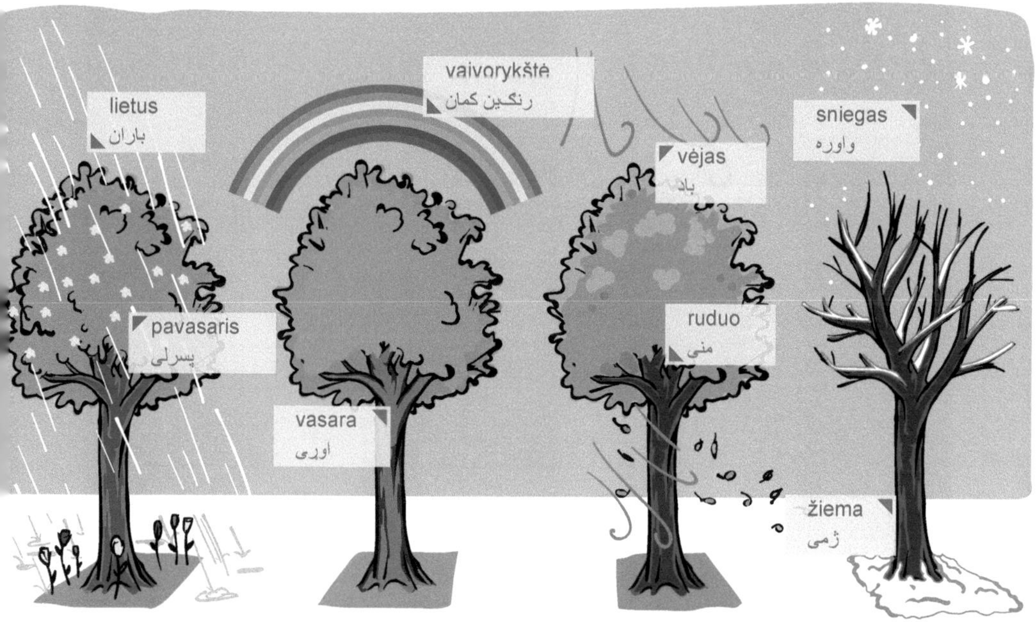

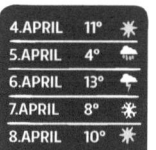

orų prognozė

د موسم وړاندوینه

F C
120 40
90 30
60 20
30 10
0 0
-30 -10
-20

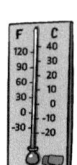

lauko termometras

ترموميټر

saulės šviesa

د لمر وړانګې

debesis

وريځ

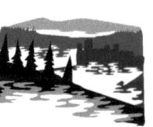

rūkas

لړه

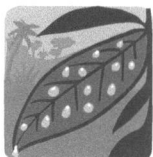

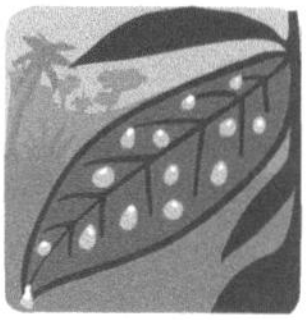

drėgmė

رطوبت

žaibas

رڼا

griaustinis

تندر

audra

توفان

kruša

ږلۍ وريدل

musonas

مون سون باران

potvynis

سیلاب

ledas

یخ

sausis

جنوري

vasaris

فبروري

kovas

مارچ

balandis

اپریل

gegužė

می

birželis

جون

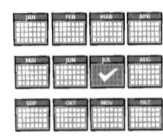

liepa

جولای

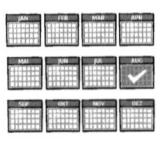

rugpjūtis

اګست

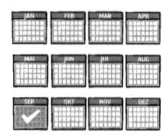

rugsėjis

سپتّمبر

spalis

اگتوبر

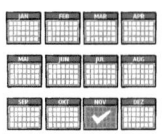

lapkritis

نومبر

gruodis

دسمبر

formos

شکلونه

apskritimas

دايره

kvadratas

مربع

stačiakampis

مستطيل

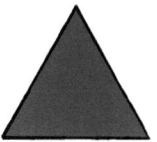

trikampis

مثلث

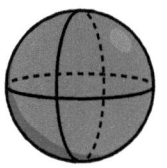

sfera

توپ

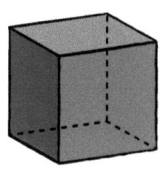

kubas

فال

balta

سپين

geltona

ژير

oranžinė

نارنجي

rožinė

گلابي

raudona

سور

violetinė

ارغواني

mėlyna

نيلي

žalia

شين

ruda

نسواري

pilka

خړ

juoda

تور

daug / mažai

خورا ډير/خورا لږ

piktas / ramus

قار/ارام

gražus / bjaurus

ښکلی/بدشکله

pradžia / pabaiga

پیل/پای

didelis / mažas

لوی/کوچنی

šviesus / tamsus

روښانه/تیاره

brolis / sesuo

ورور/خور

švarus / purvinas

پاک/ككر

užbaigtas / neužbaigtas

مکمل/نامکمل

diena / naktis

ورځ/شپه

miręs / gyvas

مړ/ژوندی

platus / siauras

پراخه/نری

valgomas / nevalgomas

د خوراک وړ/نه خوړل کیدونکی

piktas / malonus

بد/مهربان

linksmas / nuobodus

پاریدلی/بی خونده

storas / plonas

چاق/وچ

pirmiausia / paskiausia

لومړی/وروستی

draugas / priešas

ملگری/دښمن

pilnas / tuščias

ډک/تش

kietas / minkštas

سخت/نرم

sunkus / lengvas

درون/سپک

alkis / troškulys

لوږه/تنده

ligotas / sveikas

ناروغ/روغ

nelegalus / legalus

غیرقانونی/قانونی

protingas / kvailas

هوښیار/ساده

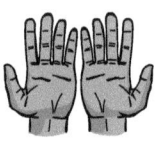

kairė / dešinė

کیڼ/ښی

arti / toli

نږدی/لری

naujas / naudotas

نوی/ازروز

niekas / kažkas

هیڅ/یوڅیه

senas / jaunas

بوډا/ځوان

įjungta / išjungta

چالان/بند

atidaryta / uždaryta

خلاص/ترلی

tylus / garsus

غلی/لوړ غږ

turtingas / vargšas

بډای/غریب

teisus / neteisus

صحیح/غلط

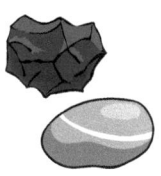

šiurkštus / švelnus

زبر/ملایم

liūdnas / laimingas

خفه/خوښ

trumpas / ilgas

لنډ/اوږد

lėtas / greitas

سست/ګړندی

drėgnas / sausas

لوند/وچ

šiltas / šaltas

ګرم/یخ

karas / taika

جګړه/سوله

0

nulis

صفر

1

vienas

يو

2

du

دوه

3

trys

دري

4

keturi

څلور

5

penki

پنځه

6

šeši

شپږ

7

septyni

اوه

8

aštuoni

اته

9

devyni

نهه

10

dešimt

لس

11

vienuolika

يولس

12
dvylika
دولس

13
trylika
ديارلس

14
keturiolika
ڠوارلس

15
penkiolika
پڼخلس

16
šešiolika
ٺپارس

17
septyniolika
وولس

18
aštuoniolika
اٺلس

19
devyniolika
نولس

20
dvidešimt
ٺل

100
šimtas
سل

1.000
tūkstantis
زر

1.000.000
milijonas
ميليون

anglų

انگلسي

amerikiečių anglų

امریکایی انگلسي

kinų (mandarinų)

چینایی مندرین

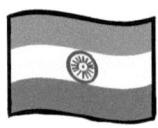

hindi

هندي

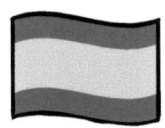

ispanų

هسپانوي

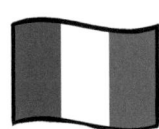

prancūzų

فرانسوي

arabų

عربي

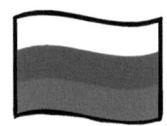

rusų

روسي

portugalų

پرتګالي

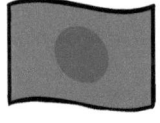

bengalų

بنګالي

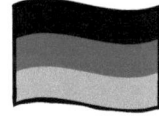

vokiečių

آلماني

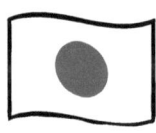

japonų

جاپاني

aš

زه

tu

ته

jis / ji

هغه/د غه/دا

mes

مورن

jūs

تاسي

jie

دوي/هغوى

kas?

څوک؟

ką?

څه؟

kaip?

څنګه؟

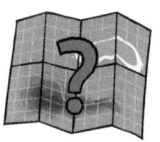

kur?

چيري؟

kada?

کله؟

vardas

نوم

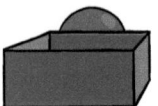

už

شاته

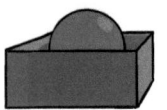

kur (vieta)

په

priešais

په مخه کی

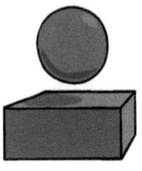

virš

باندي

ant

په

po

لاندي

prie

برسيره پر

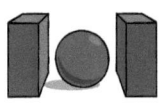

tarp

ترمينځ

vieta

ځای